নৌকা

পল্লৱ চৌধুৰী

পূজনীয় মা-দেউতাৰ নামত উৎসৰ্গিত।

বিষয়বস্তু

বিষয়বস্তু

পাতনি

কবিতা বুলিলেই মনলৈ আহে হৃদয়ৰ পৰা নিগৰিত অনুভৱ, কল্পনা, অভিজ্ঞতাৰ এক মিশ্রিত ৰূপকথা। যাক কোনো ৰীতি বা সীমাৰ আবেষ্টনীত আবদ্ধ কৰিব নোৱাৰি, যি হৃদয়ক চুই যায়, সমাজক দি যায় সুন্দৰ বাৰ্তা।

পল্লৱ চৌধুৰীৰ প্ৰথম কাব্য সংকলন "নৌকা" পঢ়ি অনুভৱ হয় যে তেওঁৰ ভাৱনাই পাঠকৰ হৃদয়ত এক আলোড়ন তুলিব পাৰিব। বিষয়বস্তুৰ ভিন্নতা, অলংকাৰ, উপমা, ব্যঞ্জনা, ৰূপকল্পৰ প্ৰয়োগে কবিতাসমূহক এক অন্য মাত্ৰা দিছে। পুথিখনত থকা সৰ্বমুঠ ২৮ টা কবিতাৰ আটাইকেইটা কবিতাতেই কবিৰ মনঃস্তৱৰ সুন্দৰ প্ৰতিফলন ঘটিছে। প্ৰথমটো কবিতা "কল্পদ্ৰুম বন্দন"ত কবিয়ে সুন্দৰ কাব্যিকতাৰে পৰম পূজনীয় পিতৃ-মাতৃৰ গুণানুকীৰ্তন কৰিছে। "সঞ্জীৱনী স্মৃতি"ত মাকে সৰুতে গুঠি দিয়া চুৰেটাৰটোৰ মাজত সোমাই থকা মাতৃ স্নেহক ৰোমন্থন কৰিছে। তেনেদৰে "অনুৰাগ প্ৰহেলিকা", "জাকৰুৱা হেঁপাহ", "প্ৰণয় কুহেলিকা" আদি কবিতাত ৰোমান্টিক ভাৱধাৰা সুন্দৰকৈ প্ৰকাশ পাইছে। "বকুল ফুলৰ থোপা" কবিতাত লুকাই আছে প্ৰেমিকাৰ প্ৰতি অন্তহীন অপেক্ষা। উইলিয়াম ৱৰ্ডছৱৰ্থে কৈছিল– "poetry is the spontaneous overflow of powerful feelings", "নৌকা"ৰ কবিতাসমূহটো অনুভৱৰ তীব্ৰ প্ৰকাশ ঘটিছে, শব্দৰ নন্দন তাত্ত্বিক পয়োভৰেৰে পাৰ ভাঙি বাগৰি আহিছে অনুভৱৰ বন্যা।

কবিৰ জীৱনবোধ, জীৱন দৰ্শন, অন্তৰ্জগতৰ ভাৱাবেশ প্ৰকাশ পাইছে "হেঁতেনৰ দোমোজা", "ধোঁৰাময় সাৰথি", "নৰপিশাচ" আদি কবিতাৰ মাজেৰে। "ত্যাগৰ শলাকানি"ত কবিয়ে কৈছে– "....যিমান ব্যৰ্থতাত/ ঘৃণায়ো মোক/ বহিষ্কাৰ কৰিব/ তাৰেই

নির্লিপ্ত মেহফিলত/ দাউ-দাউকৈ জ্বলাবলৈ চাম/ জীৱন ত্যাগৰ শলাকানি...."। তেনেদৰে "ভস্মৰ কিঞ্চিৎ মাটি"ত ক্ষণ ভঙ্গুৰ মানৱ জীৱনৰ গৰ্ব-অহংকাৰ, ঐশ্বৰ্য্য-বিভূতি সকলোবোৰ যে মিছা, আৰু মৃত্যুৰ লগে-লগে এই সকলোবোৰ যে মাত্ৰ ছয় ফুট দৈর্ঘ্যৰ মাটিত ভস্মীভূত হৈ পৰিব, তেনে এক গভীৰ ভাৱ প্ৰকাশ পাইছে।

দেখা যায় আটাইকেইটা কবিতাতে কবিয়ে আৱেগ আৰু বিবেকৰ ভাৱসাম্য ৰাখিব পাৰিছে। কিয়নো প্ৰতিটো কবিতাতেই কবিৰ চিন্তা-চেতনা, মানৱৰ প্ৰতি কৰণীয়, সমাজলৈ দি যাব খোজা যোগাত্মক বার্তা প্ৰকাশ পাইছে। কবি পল্লৱ চৌধুৰীৰ কাব্য সাধনাৰ উত্তৰোত্তৰ উন্নতি কামনা কৰিছোঁ। আশা কৰিছোঁ পাঠক সমাজে পুথিখন আঁকোৱালি ল'ব।

মণিৰূপা মিশ্ৰ

তাং- ১৭ আগষ্ট, ২০২২

লেখকৰ দুআষাৰ

কবিতা হ'ল হৃদয়ৰ অনুভৱৰ এক সুন্দৰ প্ৰকাশ। মনৰ এই অনুভূতি বা চিন্তাখিনিক কাব্যিক ভাষাৰে উপস্থাপন কৰি প্ৰত্যেক পাঠকৰ মন গঙ্খৰত সাঁচ বহুৱাব পৰাটোৱে প্ৰতিজন কবিৰ সাৰ্থকতা। কবিতা লিখাৰ প্ৰতি আগ্ৰহ মোৰ কৈশোৰ কালৰে। মাজে সময়ে মন গ'লে দুই এটা কবিতা লিখিছিলো। সময়ৰ গতিত বিভিন্ন আলোচনী অথবা বাতৰি কাকত আদিত স্থান পোৱা লেখনিয়ে মনত অলপ অলপকৈ সাহস বঢ়াইছিল। মা-দেউতা এইক্ষেত্ৰত বৰ আগৰণুৱা। তেওঁলোকে সদায় অনুপ্ৰেৰণা যোগাই আহিছে। লগতে মোৰ ভাইটি, বন্ধু-বান্ধৱীখিনিয়েও ভালেখিনি উৎসাহ দি আহিছে। যাৰ পৰিপ্ৰেক্ষিতত এই পুথিখন চপোৱাৰ বাবে পৰিকল্পনা এটা হাতত ল'বলে সাহস কৰিছোঁ। এইখিনিতে মোৰ বিশেষ বান্ধৱী শ্ৰী প্ৰীতিৰেখা দাসৰ নামটি ল'বই লাগিব। তেওঁ প্ৰতিটো পদতে খুব নিয়াৰিকৈ সহযোগ কৰি আহিছে। তেৱোঁ নৱপ্ৰজন্মৰ এগৰাকী উদীয়মান লেখিকা। বৰ্তমান সময়লৈ মোৰ ভাৰগধুৰ কলমটোৱে লিখি উলিওৱা কবিতাসমূহৰ পৰা কেইটামান বচা বচা কবিতা এই কাব্য পুথিখনত সন্নিবিষ্ট কৰিছোঁ। অনাগত দিনবোৰতো ন ৰসেৰ পৰিপূৰ্ণ হোৱা আৰু কিছু কবিতা পুথিৰ লগতে অন্যান্য গ্ৰন্থ লিখাৰ বাবে চেষ্টা অব্যাহত ৰাখিছোঁ।

সৃষ্টিৰ পৱিত্ৰ স্ৰোতস্বিনী ধাৰাত কাব্যিকতাৰ মৌৰস বান্ধি মেলি দিবলৈ লৈছোঁ এখন আশাৰ নৌকা! সাহিত্যৰ নন্দন কাননত গাৰিজাতপাহ হ'ব নোৱাৰিলেও অন্ততঃ এডাল দুৱৰিৰ লেখীয়া অংশীদাৰ হোৱাৰ দুৰ্বাৰ হেঁপাহেৰে। "নৌকা"ই সিঁচি দিয়ক নৱ উৎসাহৰ সোণোৱালী শইচ মোৰ সৃষ্টি পীপাসু ডায়েৰীৰ পাতত, "নৌকা"ই ঢালি দিয়ক নৱ অনুপ্ৰেৰণাৰ চিয়াঁহী মোৰ সৃষ্টি অনুৰাগী কলমত, "নৌকা"ই বোৱাওঁক কাব্যিকতাৰ ভিন্নৰসৰ মৃদু লহৰ

পাঠকৰ মন-মন্দিৰত।

"নৌকা"। "নৌকা" মোৰ প্ৰথমখন স্বৰচিত কবিতা পুথি। এই পুথিখনত ভিন্ন ৰস সমৃদ্ধ ভিন্ন ভাৱ-চিন্তা কাব্যিক ৰূপত সন্নিবিষ্ট হৈ আছে। বিভিন্ন লোকৰ অনুপ্ৰেৰণাই মোক পুথিখনৰ বাবে কবিতা ৰচনাত লাগি থাকিবলৈ মনোবল যোগাইছে। আটাইলৈ মই কৃতজ্ঞতা জনাইছোঁ। পুথিখন সুন্দৰকৈ চপোৱাৰ বাবে ন'ছন প্ৰেছলৈ ধন্যবাদ জনাইছোঁ। পাঠকে পুথিখন পঢ়ি ভূল-ভ্ৰান্তিবোৰ আঙুলিয়াই দিলে নৰথে আনন্দিত হ'ম। মোৰ প্ৰথম কাব্য প্ৰচেষ্টা "নৌকা" কাব্য পঢ়ুৱৈ সমাজে আদৰি ল'লে মোৰ শ্ৰম সাৰ্থক হোৱা বুলি ভাৱিম। শেষত, আটাইৰে সময়বোৰ মঙ্গলময় হওঁক, জীৱনবোৰ সেউজীয়া হওঁক তাৰেই কামনা কৰিছোঁ।

সৰ্বে ভৱন্তু সুখিনঃ, সৰ্বে সন্তু নিৰাময়াঃ।
সৰ্বে ভদ্ৰানি পশ্যন্তু, মা কশ্চিদ্ দুঃখ ভাগ ভৱেৎ।।

-পল্লৱ চৌধুৰী

হাজো আঠপৰীয়াটোলা
দিনাংক- ১৩ আগষ্ট, ২০২২

1. কল্পদ্রুম বন্দন

তুমি হোৱা বীৰঙ্গনা
হোৱা তুমি স্নেহৰ তনয়া,
তুমি হোৱা সৃষ্টিশীল ধৰিত্ৰী
লজ্জাশীলা মনোহাৰিণী।
মহাপৰাক্ৰমী তুমি,
উদাৰতাৰ প্ৰীতি তুমি।
চিৰনমস্য মাতৃ মোৰ তুমি।
সংকট নাশক তুমি,
বীৰ প্ৰতাপী পুৰুষ
ধৈৰ্য্যশীল তুমি,
বুদ্ধিমান তুমি।
বৈৰী-অগ্নিৰ প্ৰতি হংকাৰ,
শান্তিকামী ব্যক্তিত্ব তুমি।
চিৰপূজ্য পিতৃ মোৰ তুমি।

2. যন্ত্রণাৰ চক্ৰবেহু

জীৱনৰ আৰম্ভণিয়ে নগ্নতা।
উফ্! কি যে যন্ত্রনা
উপায়হীন দেহৰ নগ্নতা ঢকা আৱৰণযোৰ।
ৰক্ত পিশাচবোৰৰ চলচলীয়া চকু,
এবাৰ যদি কঁকালৰ তলত এবাৰ বুকুত।
আলিবাট বন্ধ তাইৰ,
বাহিৰ ওলাবলৈও যে ভয়;
কোনে জানে, কোন পিশাচৰ চকু বা তাইৰ ওপৰত!
কোনে বা দুহাত মেলি তেজৰ ৰং সানে কপালত।
চকু স্থিৰ হৈ ৰয়!
সকলোৰে দৃষ্টি মাত্র তাইৰ ওপৰত;
এবাৰ ওপৰৰ পৰা তললৈ,
এবাৰ তলৰ পৰা ওপৰলৈ।
সদায় নির্যাতিত হয়,
বাৰে-বাৰে হয়।
সদায় ধর্ষিত হয়,
বাৰে-বাৰে হয়।
এবাৰ যদি কোনো ক্ষিপ্র দৃষ্টিৰ আগত,
এবাৰ কোনো বয়সস্থৰ হাতত;
আকৌ এবাৰ মিডিয়াৰ প্রচাৰত।
দুর্বল নহয় তাই,
তথাপিও মৌন হৈ ৰয়।

কাৰণ!
কাৰণ, মৌন আজিৰ নিকা সমাজ।
সুৰভি লভে, ৰং চাই ৰস পায়;
মাত মতাৰ সাহস নাই,
শিক্ষিত জ্ঞানী সমাজৰ এচামে
কুলিৰ দৰে পাৰ হৈ যায়।
এইখনেই সেই দেশ,
য'ত নাৰীক দেৱী ৰূপে পূজা কৰে;
আকৌ এইখনেই সেই দেশ,
য'ত নাৰীৰ তন-মনৰ ওপৰত
নানা অত্যাচাৰ চলে।
কেচোঁৰেই,
জীৱনৰ আৰম্ভণিয়ে নগ্নতা।
উফ্! কি যে যন্ত্ৰনা।

৩. সঞ্জীৱনী স্মৃতি

মায়ে গুঠি দিয়া হেঁপাহৰ চুৱেটাৰবোৰ
কিছু পুৰণি হৈছে এতিয়া,
কেনেকৈ যে ঊণসূতাবোৰ
পেচ লগাই-লগাই
পিন্ধিব পৰাকৈ গুঠি দিছিল!
চাই ৰৈছিলো একেথিৰে।
"মা! মইয়ো শিকিম" বুলি
শলাকেইডালেৰে দিয়া গাঁঠিবোৰ
মন দি দুচকু স্থিৰ কৰিছিলো।
মিচিকিয়া হাঁহি এটাৰে
"চাওঁ এইপিনে আহ" বুলি
অৰ্ধসম্পূৰ্ণ চুৱেটাৰটো পিঠিত
বাৰে-বাৰে দি চাইছিল তেওঁ
আৰুনো কিমান বাকী আছে বুলি!
বাহিৰলৈ যেতিয়া চুৱেটাৰবোৰ
পিন্ধি ওলাই গৈছিলো,
আৰু কোনো-কোনোৱে যেতিয়া
"বাঃ বাঃ! ধুনীয়া লাগিছে" বুলি কৈছিল,
এমোকোৰা হাঁহিৰে "মায়ে গুঠি দিছে" বুলি উওৰটো দি
বুকুখন গৰ্বত ওফন্দি উঠিছিল।
লাহে-লাহে সময়বোৰ আগবাঢ়ি গ'ল;
মাৰ হাতদুখনো কঁপা হ'ল!

নোৱাৰে এতিয়া।
তথাপিও প্ৰত্যেক শীততেই মায়ে গুঠি দিয়া
চুৱেটাৰবোৰ একোবাৰ উলিয়াই
জুখি চাওঁ নিজকে।
আজিও চালো এবাৰ;
সঁচাকৈ, ভালেখিনি ব্যৱধান বাঢ়িল
তেতিয়াৰ পৰা এতিয়ালৈ।
ভালেখিনি ডাঙৰ হৈ পৰিলো।
নতুনত্বৰ মাজতেই খোদিত ৰাখিছোঁ স্মৃতিবোৰ,
পৃষ্ঠাবোৰ লুটিয়াই এটা হমুনিয়াহ কাটিও
মাজে-মাজে বৰ ভাল লাগে চোন।

4. নিৰৱ কোলাহল

নিৰৱতাৰো হয়তো ভাষা থাকে
অস্থিৰতাৰো হয়তো শব্দ থাকে,
কুকুৰাৰ ডাকতে প্ৰতিপুৱা জাগি মোৰ
সূৰ্যাস্তলৈ অপেক্ষা কৰি দিনটো ঢলে।
এন্ধাৰ নামে, বিৰক্তিবোৰ জাগি উঠে
দিশহাৰা সপোনবোৰে বৰকে উচুপে,
শেষ ৰাতিৰ নিঃসংগতাৰ ছায়াত!
শুকান কলিজাৰ শব্দবোৰে নিতৌ শুৱাই থয়
ৰিক্ত গীতৰ সুৰ হৈ ৰোৱা উদাসীনতাত।
অসহায় মোৰ উদাসীন আত্মা!
হেৰাই পৰে ভিৰৰ পৰিধিত,
তপ্ত শোণিতে ডুবাই তোলে দুচকু;
ধূসৰ হৈ পৰা ভাগৰুৱা আত্মাৰ
শেষ আশ্ৰয় হয় নিজানৰ বোকোচাত।
আৰু নিজক লৈ কৰা প্ৰতিশ্ৰুতিবোৰ?
প্ৰতিশ্ৰুতি হৈয়ে থাকি যায়
অসংযত হৈ ৰোৱা প্ৰতিটোপাল তেজৰ চেকুঁৰাত।
সঁচাকৈ, খুব অসহ্য কোলাহলত স্তব্ধ মই।

5. অসহায়

যদি,
সৃষ্টিবোৰ তাৎক্ষণিক হয়
অপৰাধবোৰ ক্ষন্তেকীয়া হয়
জটিলতাবোৰ কাল্পনিক হয়
সপোনবোৰ বাস্তৱিক হয়
তেন্তে তই উদাসীন কিয়?
যদি,
নিঃসংগতাবোৰ প্রিয় হয়
মৌনতাবোৰ বিশ্বাস হয়
এন্ধাৰবোৰ সাহস আৰু
পোহৰবোৰ পথ হয়
তেন্তে দুচকুত চকুপানী কিয়?

৬. অনুৰাগ প্ৰহেলিকা

অন্তৰখন কিমান বিশাল হ'লে
প্ৰেম স্থায়ী হয় মই নাজানো!
মই নাজানো,
আবেগ কিমান গভীৰ হ'লে
যন্ত্ৰনা উপচা বুকুত চকুপানী নামে!
এটা যেন অবুজ সাঁথৰ
এই বিশাল প্ৰেম আৰু
মিছা ভালপোৱাৰ মাজৰ
ৰহস্যঘন ঘনিষ্ঠতা।
সকলোবোৰ নোহোৱা কৰি
আকৌ প্ৰেমত পৰিম ভাবিছোঁ,
এক সফল প্ৰেম!
জীৱন অথবা শব্দৰ
অথবা এগৰাকী গাভৰুৰ,
যি মোৰ দগ্ধ হৃদয়ত
লগাই দিব কেলিবাৰৰ ভাস্কৰ্য।
তেতিয়া আকৌ হৈ পৰিম
মই প্ৰেমিক,
এক বিশাল প্ৰেমিক।

7. ভাৱনাৰ কুণ্ডলী

এটি শীতৰ গধূলি
প্রিয় কোঠাটো
থিৰিকীমুখ!
বাহিৰত কিনকিনিয়া বৰষুণজাক
দুটা আঙুলিৰ ফাঁকত ৰৈ যোৱা জ্বলন্ত চিগাৰেটৰ অৰ্ধাংশ,
হেডফোনৰ আঁৰেৰে বৈ থকা গীত–
"..আহিবা তুমি দুপৰ নিশা,
যেতিয়া পৃথিৱী শুব.."

৪. কালান্তৰৰ নব্যসুখ

মই সুখী জানানে?
পুৰণি আৱেগবোৰ এতিয়া নাই,
দুচকুৰে চকুপানীও নোবোৱা হ'ল।
মই সুখী জানানে?
এতিয়া কাৰোবাক পোৱাৰ বাবে আশাও নাই,
আৰু নিশাবোৰো সম্পূর্ণ হোৱা হ'ল।
মই এতিয়া সুখী–
আনৰ চকুপানী মচি বুকুত
সাৱটি ল'বলৈও মোৰ কোনো নাই,
আৰু ওঁঠত সন্তোষৰ হাঁহিটোও ৰোৱা হ'ল।
মই সঁচাকৈ সুখী–
ৰাতি ২.০০ বজালৈ জোৰ কৰি
কথা পাতি থাকিবও কোনো নাই,
আৰু কথা পাতিম বুলি ৰৈ থকাৰ
ব্যগ্ৰতাখিনিও নোহোৱা হ'ল।
মই সুখী জানানে?
তোমাৰ কথাবোৰো এতিয়া
কাণত আহি নপৰে,
আৰু হেডফোনেৰে বৈ অহা
বিষাদৰ গীতো নবজা হ'ল।
ৰ'বা, ভুল নকৰিবা,
নাভাবিবা পাহৰি গৈছোঁ বুলি।

সকলো ৰাখিছোঁ পুহি গোপনে,
এখন কবিতা পুথি হিচাপে।
কিন্তু এতিয়া তোমাৰ কথা নাভাবো ,
কিয় জানা?
মই সুখী এনেদৰেই।

৭. জাকৰুৱা হেঁপাহ

সন্ধিয়াৰ পৰত একাপ চাহ
খুব প্ৰয়োজন জান?
পথৰ একাষে তোৰ সৈতে ৰৈ
এহাতত একাপ চাহ
আনখন হাতত তোৰ হাতখনি,
লগত যদি কিনকিনিয়া বৰষুণজাক হয়
কেনেকুৱা লাগিব ক'ছোন?
মন যায় জানো তোৰ
মুকলিমুৰীয়া মনটো অকণমান তিতাবলৈ
মোৰ সৈতে?
আৰে ব'ল না! কিমান ভাবিবি আৰু?
এবাৰ দুয়ো তিতি লওঁ!
বেকগ্ৰাউণ্ডত "তুম মিলে, দিল খিলে
ওৰ জিনে কো ক্যা চাহিয়ে"
অথবা "লগ যা গলে কে ফিৰ যে
হচিন ৰাত হো নাহো" গীতৰ অংশ বাজিব
আৰু সেই গীতৰ তালত দুয়ো লৰাই যাম দুভৰি।
একেবাৰে মুক্ত হৈ আমি
দুয়োৰে মাজত বিলীন হৈ পৰিম।
শুনচোন,
বুকুৰ মাজতেই প্ৰতিদিন
নিশাবোৰ কটাবি।

তোৰ উপস্থিতিয়ে মোৰ বুকুত
সম্পূৰ্ণতা পাব।
তোৰ মৰমে মোৰ পঁজা
অট্টালিকালৈ সলাব।
সময়বোৰ গৈ থাকিবলৈ দে
এৰা-ধৰাৰ মাজেৰে আমিও
গৈ থাকো এপদ-দুপদকৈ।
মাথোঁ আঁতৰি নেথাকিবি কেতিয়াও।
ভৰি থকা হৃদয়ৰ নিজৰাখনি শুকাব লাগিলে
পথেৰে অহা-যোৱা কৰা প্ৰতিজনে
মোলৈ আঙুলিয়াই ক'ব–
"সৌৱা চা, প্ৰেমিক চৰাই আছিল,
আজি ডেউকা ভাঙি পৰি ৰৈছে।
চাল্লা, ব্যৰ্থ প্ৰেমিক!"

10. গৃহহীন প্ৰাণপক্ষী

অসিত ডাৱৰে আৱৰি ধৰা
গৃহহীন প্ৰাণপক্ষীৰ কৰুণ বিননি!
শুনিছানে কাণপাতি মাজৰাতি
শ শ জনৰ হিয়াভগা উচুপনি?
ফুটপাথৰ দাঁতিত চুচৰি বাগৰি
পাৰ হয় প্ৰত্যেকটো সময়ৰ গতি,
নিজানৰ কোনোবা পৰত
ফেঁকুৰি উঠা কত কিমান যে কাহিনী!
গভীৰ অৰণ্যৰ বুকুত ডাঠ কুঁৱলীৰে ধোঁৱাময় হোৱা
এটি এটি দুৰ্বিসহ জীৱনৰ ছবি,
কৰিছানে কল্পনা নিজকে কেতিয়াবা
গৃহহীন প্ৰাণপক্ষীৰ জীৱনীত?

১১. প্ৰণয় কুহেলিকা

কুঁৱলীয়ে আৱৰা পুহ মহীয়া নিশাবোৰ
ষ্ট্ৰীট লাইটৰ তলেৰে এখোজ দুখোজকৈ
আগবাটি যাম দুয়ো ৰঙীন হৈ পৰা
চহৰখনৰ এটি সন্ধ্যা সময়ত।
কোনো এখন ষ্ট্ৰীট ফুড চ'পত
দুয়ো একেলগে মাৰিম চাহত সোঁহা।
আকৌ আগবাটি যাম কিছু দূৰ
তোৰ ঘৰ পোৱালৈ,
তই মোৰ চেঁচা হাতখনত ধৰি ক'বি–
"যদি প্ৰতিটো সন্ধ্যাই এনেদৰে কটাব পাৰিলোহে!
ভাল লাগে জানা এনেদৰেই.."
মোৰ হাতখনেৰে তোৰ বাহত জোৰকৈ সাৱটি তোক ক'ম–
"কাইলৈ সন্ধিয়া ৬.০০ বজাত সাজু থাকিবি"

12. ত্যাগৰ শলাকানি

শুষ্ক বননিত হেৰাব খোজা
জৰ্জৰিত উশাহটোৰ বিনিময়ত
জীৱনে মোক প্ৰশ্ন কৰিছিল—
"কিমান অৱহেলিত সূচনাৰ অন্তত
ঢালিব পাৰিবি প্ৰফুল্ল সুধা
তোৰ মামৰে ধৰা কৰ্কশ কণ্ঠত?
পিন্ধিব পাৰিবি তই এই নৱনাটকত
শীৰ্ষ সুখৰ ৰাজমুকুটটি?"
প্ৰত্যুত্তৰত মই কৈছিলো—
"যিমান ব্যৰ্থতাত ঘৃণাইও মোক
বহিষ্কাৰ কৰিব,
তাৰেই নিৰ্লিপ্ত মেহফিলত
দাউ-দাউকৈ জ্বলাবলৈ চাম
জীৱন ত্যাগৰ শলাকানি!"

13. বিতৃষ্ণাৰ কৰাল

ঘৰখনৰ অনাহক মন্তব্য
আৰু অবহেলাবোৰে
বৰকৈ আতিশয্য কৰিছিল তাক।
মন-মগজুত অকলশৰীয়া ভাৰটোৰে
হেঁচা মাৰি ধৰিছিল,
আপোন মানুহবোৰৰ এই ৰূপে
তাক বাৰে-বাৰে সোঁৱৰাইছিল-
"উপাৰ্জনৰ থনক্-থনক্ শব্দইহে
তোৰ অস্তিত্বত সেউজীয়া মোহৰ লগাব।"
ধৈৰ্য্যৰ পৰিসীমাডাল অতিক্ৰম কৰি
সি এক মায়াশূন্য সময়ত খোজ দিলে,
মোনাখনত গুজি ল'লে
তাৰ একান্ত সংগী ডায়েৰীটো
আৰু নিব কলমটো।
হাৱাই চেণ্ডেলযোৰ ভৰিত সুমুৱাই
বেলি উদয়ৰ আগতেই
অন্তৰ্ধান হৈ পৰিল সি।
এমুঠি পৱিত্ৰ শান্তি বিচাৰি
কিম্বা স্বাৰ্থপৰ ভিৰৰ মাজত
এধানি নিৰ্মল স্বাৰ্থহীন উশাহ বিচাৰি।

14. মিষ্ট অট্টহাস্য

যদি তোমাক লগ পাওঁ কেতিয়াবা
মই সুধিম সেউজীয়া অৰণ্যখনৰ কথা।
যদি তোমাক লগ পাওঁ কেতিয়াবা
মই সুধিম আঘোণৰ সোণালী পথাৰখনৰ কথা।
যদি তোমাক লগ পাওঁ কেতিয়াবা
মই সুধিম নিৰীহ নৈখনৰ কথা।
যদি তোমাক লগ পাওঁ কেতিয়াবা
মই সুধিম শাওণৰ চিপ্ চিপ্ বৰষুণজাকৰ কথা।
যদি তোমাক লগ পাওঁ কেতিয়াবা
মই সুধিম অকৃত্রিমভাৱে ভালপোৱা
সঁচা মানুহৰ কথা।
যদি তোমাক লগ পাওঁ কেতিয়াবা
মই সুধিম পালানে বিচাৰি কোনোবা স্বাৰ্থহীন লোক,
যিয়ে মোৰ দৰে বিনা স্বাৰ্থত
তোমাক অৰ্পণ কৰিব পাৰিছে সকলো (?)

15. আঁউসীৰ জোন

তিমিৰে হেঁচি ধৰা হিয়াৰ কুঞ্জবন,
জয়ালৰ পৰা জয়াল হৈ পৰা নিঃসংগ ৰাতিবোৰ,
ৰিক্ততাত নিষ্প্ৰভ হোৱা ভাৱনাৰ প্ৰতিচ্ছবিখন,
বুকুৰ মাজৰ পৰা নিগৰা হুমুনিয়াহৰ তপত বা
সকলোবোৰ আঁতৰাই সাৱটি লোৱা
তাইৰ দুবাহু মোৰ প্ৰিয়।
তাই প্ৰিয়!

16. অংকুৰিত খোজ

কোঠাটোত থকা সেই বিশেষ কেনভাছখনলৈ
কিছুপৰ থমকি চাই ৰৈছিলো;
নিথৰ হৈ পৰি থকা ৰংবোৰে
ইতিকিং ভৰা চাৱনিৰে
কিৰিলি পাৰি হাঁহিছিল ,
তেজে কৰাল বন্ধা থৰাং বুকুখনত
এটা স্থায়ী বিষে দকৈ শিপাবলৈ লৈছিল,
তন্দ্রাহীনতা প্রতিনিশাই মোৰ সংগী হৈছিল।
এয়াই জানো বীজ পৰিসমাপ্তিৰ?
নাই নাই!
কেনেকৈ হ’ব দিব পাৰো এনেকুৱা?
পাৰো জানো দিব আনক হাঁহিব?
মই আকৌ আঁকিম সেই ছবি,
মই আকৌ ৰং ঢালিম সেই ছবিত;
যি ছবিত মই নিজক বিচাৰি পাম,
যি ছবিত মই সম্পূর্ণতা পাম।

17. ঐপ্সিত বার্তালাপ

কিছু মাহ এনেদৰেই পাৰ হ'ব,
মোৰ চিনাকি আপোনাৰ অচিনাকি হৈ ৰ'ব।
আচলতে আপোনাক দেখা ভালেকেইমাহ হ'ল।
কথাবোৰ সংগোপনে ৰাখিছোঁ।
দূৰৰ পৰাই আপোনাৰ দৃষ্টিত লুকাই
আপোনাক চোৱাৰ প্রয়াস কৰোঁ।
ভাল লাগে চোন তেনেদৰেই!
আশা কৰোঁ,
কেতিয়াবা আপোনাৰ সৈতে মুখামুখি হৈ
আপোনাৰ নামটো লৈয়েই আপোনাক মাতি দিম
আৰু আপুনি আচৰিতভাৱে মোৰ পিনে চাই প্রশ্ন কৰিব–
: "মই আপোনাক চিনি পোৱা নাই।
কোন আপুনি? কেনেদৰে চিনি পায় মোক?"
মই ক'ম –
: "ৰ'ব অকণমান। সকলো ক'ম।
আজি গধূলি কাষৰে টি-ৰেস্তোৰাখনতে বহি কথা পাতো?"
আপুনি অস্বীকাৰ কৰি ক'ব–
: "ক্ষমা কৰিব। নোৱাৰিম আহিব।"
মিচিকিয়াই মই ক'ম–
: "মই ৰৈ থাকিম। সন্ধিয়া ৫.০০ মান বজাত।"

১৪. ভস্মৰ কিঞ্চিৎ মাটি

দৰিদ্ৰ বুলি নক'বা,
দুৰ্লভ বুলিব পাৰা!
স্বভিমানে আঘাত পালে
বুকু কঁপি উঠিব।
মৌন আত্মা জাগি উঠি,
ৰৌদ্ৰ ৰূপ ধৰি তাণ্ডৱ কৰিব।
কিঞ্চিৎ মাটিতে
সকলো ছাই হয়।
তাৰ পিছতো নস্বলে
অহংকাৰ।
একেবাৰে মাটি নথকাজনেও
জন্ম চুক্তি স্বাক্ষৰ কৰোতেই
কিনি থয়
ছয় ফুট মাটি।
অন্ততঃ চিতাখনৰ বাবেই!

19. ফাগুন

থোকি-বাথো ধূলিয়ৰী আকাশৰ বুকুত,
ৰঙা শিমলুৰ ফুলে হাঁহে শুকান ডালত।
মতলীয়া ফাগুনে আনিছে পচোৱা,
আকাশত উৰিছে আজি ধূলিৰ ফাকুৱা।
গোপন দুৱাৰেদি মৌনভাৱে
ফাগুন আহি সোমালহি
বুকুৰ আছুতীয়া কোঠাত,
প্ৰেম নামৰ বিশ্বাসৰ
বাগিছা সজাবলৈ
ফাগুনৰ ধূলিময় পচোৱাত।
মদাৰ ফুলৰ হৃদয় জ্বলি
সৃষ্টি ৰাঙলী হ'ল,
নানা ৰঙী বৰদৈচিলা আজি
আকাশতেই উৰি ৰ'ল।
আকাশত বাজক শক্তিৰ শংখ,
ভালপোৱাবোৰ বতাহত
নিনাদিত হওঁক,
শব্দস্নাতা হৈ ৰওঁক হেজাৰ সপোন
ফাগুন! তোমাৰেই বুকুত।

২০. হেঁতেনৰ দোমোজা

যদি পাৰিলোহেঁতেন জিনিব
দুটোপাল অশ্ৰুৰে
সমগ্ৰ জীৱৰ মন!
যদি পাৰিলোহেঁতেন জিনিব
প্ৰেমৰ ভাষাৰে
সকলোৰে হিয়াৰ ধন!
যদি পাৰিলোহেঁতেন বিলাব
হেজাৰ দুখত
সুখেৰে ঠাঁহ খোৱা মোনা!
যদি পাৰিলোহেঁতেন আনি দিব
সিক্ত চকুত
আশাৰ বাটৰ ধূলিকণা!
যদি পাৰিলোহেঁতেন সানি দিব
দুৰ্বল মনত
সাহসৰ বিদ্যুৎ শিখা!
যদি পাৰিলোহেঁতেন আঁকি দিব
তেজাল বুকুত
ৰক্ত জৱাৰ তৃষা।

21. অভাৰ

দুচকুত অভাৱৰ চিনস্বৰূপে
নীলা-ক’লা ৰঙী চিহ্নৰ
স্পষ্ট দাগ ভাঁহি উঠিছে।
উফ্! মাথোঁ অভাৱ!
অভাৱ মাথো টোপনিৰ।

22. ধোঁৱাময় সাৰথি

এটি অন্ধকাৰ বন্ধ কোঠাত
তাৰ সৈতে মই জিৰাওঁ।
সি মোৰ ওঁঠত প্ৰায়ে বাহ সাজে
সি মোৰ একমাত্ৰ প্ৰিয় বন্ধু,
নিজে জ্বলিও মোৰ অস্থিৰতা সামৰে
মোৰ জীৱনৰ সমস্ত যন্ত্ৰণা ভগাই লয়।
কুঁৱলিৰ পাক লৈ উৰুৱাই নিয়ে সি
বহু দূৰলৈ বিষাদবোৰ;
হৃদয়খনে শান্তিত শুই পৰে
এটি দীঘলীয়া উশাহ লৈ।
জীৱন ডায়েৰী হাতত
জ্বলন্ত চিগাৰেট ওঁঠত,
সি জ্বলি আছে
মই জীয়াই আছোঁ,
কলমটি হাতত লৈ
লিখি গৈ আছোঁ নিৰন্তৰ
ইটোৰ পিছত সিটো কবিতা।

23. ক্ষুধার্তৰ নাটিকা

ব্যস্ততাপূর্ণ দীর্ঘ বিৰতিৰ মূৰত
'আপোনজন'ৰ বিশেষণ লাগি থকাবোৰে
এইবেলি যোৰাবাটেৰে উভতিব—
শুহি-শুহি তেজহীন কৰা দেহটোক
স্পর্শ কৰি পুনঃ সু-ভাৰৰীয়া হ'বলে।
কালৰ বুকুত শুই পৰা
চেঁচা দেহাটিৰ দুর্গন্ধ শূণ্য কৰি
বৈভৱ শুচি কৰিবলৈ
সুগন্ধি ফুলেৰে মালা গুঠিব;
কাউৰী-শগুণৰ উদৰ পুৰাব বুলি
সিহঁতে সজাব নৈবদ্য।
এখনি ভোক পলুৱাৰ নৈবদ্য।

24. নৰপিশাচ

পঞ্চতত্ত্বৰ মায়াময় সৃষ্টিত
ছয় ৰিপুৰ অনিয়ন্ত্রিত প্রসাৰ,
অধৰ্ম-উদণ্ডতা-তেজৰ ফাকু খেল
জাক-জাক মানৱৰূপী দৈত্য-দানৱৰ।
সেউজ গিৰি-নীল অম্বৰত প্রতিধ্বনিত
মলয়া বতাহৰ সোঁতত বৈ অহা
কেঁচা শোণিতৰ হিয়াভঙা চিৎকাৰ,
কম্পিত-শংকিত আর্তনাদ
জীয়াব খোজা মৰণ মুখৰ।
চেতনা জাগৃত একাংশ লোকৰ
চকু মুদা কুলিৰ ভাও,
নীৰৱ সাক্ষী হৈ ৰৈছে
বতাহত তৰংগিত হোৱা
অপৰাধী-নিৰপৰাধীৰ প্রহৰণৰ শব্দৰ।
কিজানিবা নিজৰ চালিখনৰ তলতেই
পুনৰাবৃত্তি হয় এই বীভৎস্যতাৰ!
নৰৰূপী পিশাচৰ
আঘাত নিকৰুণ,
অপঘাতীৰ নিধক আচৰণ
চেনেহৰ মুখত,
নীচ আদৰ
নঙঠা সাদৰ,

মৌনভাৱে সহি ৰওঁ
সকলো গাঁঠি মাৰি।
কোনে ক'লে জীৱৰ শ্ৰেষ্ঠ মানুহ?
ক'ত গ'ল আইন, বিধি-বিধান?
চাৰিওফালে কেৱল বক্ৰদৃষ্টি
নৰপিশাচৰ!

২৫. বকুল ফুলৰ খোপা

জীৱনৰ এটা এটা ক্ষণ
ধুনীয়া এতিয়া।
প্ৰতিটো অপেক্ষাই বিতোপন এতিয়া।
নিৰ্দিষ্টতাত আবদ্ধ হৈ
নোৱাৰো কোনো শব্দ ৰচিব,
প্ৰত্যেকটো ক্ষণ
একোটাকৈ কবিতা এতিয়া।
তুমিবিহীন চহৰ এখন কাহানিওঁ
নোৱাৰো কল্পনাত ৰাখিব,
আভ্যন্তৰীণ জিজ্ঞাসাৰে ওলাই যাওঁ
নিতৌ তোমাৰ বুকুলৈ।
নাজানো তোমাৰ বুকুত
কিনো উদাৰতা বিচাৰি পাওঁ!
বাৰে বাৰে চাওঁ তোমাৰ মুখলৈ
কিছু ক্ষণ, কিছু শান্তি
মই এইখিনিতেই পাওঁ।
হেজাৰ বাধাগ্ৰস্ততাই ধৰক মোক বাউলি
তোমাৰ নিশ্বাসত উশাহ বিচাৰি লওঁ,
পুৱতিৰ সেমেকা ডাৱৰ থাকিলেও
এজাক বৰষুণৰ পিছত পোহৰ বিচাৰি পাওঁ।
শুনা,
সৰহকৈ বুটলি লৈছোঁ বকুল

এধাৰি মালা গুঠি গুজিবলৈ তোমাৰ খোপাত,
সন্ধিয়া পৰত হালধীয়া চুৰিদাৰ জোৰাৰেই
আহিবাচোন ওলাই,
হাতত হাত ৰাখি খোজ মিলাম
অচিনাকী এটি-এটি পথত।
আহিবা কিন্তু
অপেক্ষা থাকিব!

26. জখম

নির্জনতাত অস্থিৰতাই থামুচি ধৰা
পিঠিখনৰ জখমবোৰ তোক দেখুৱাবলৈ
মন যায় জান?
নাই নাই, নেলাগে দে
নোৱাৰিবি তই চাব;
হয়তো কিছু পল আৱেগিক হৈ পৰিবি
মনত কিছু দয়াৰ অভ্যুদয় হ'ব।
কিন্তু,
আকৌ কিছুপৰ পিছত মুখত ৰুমালখন লৈয়ে
তই উভতি যাবিগে।
কাৰণ,
লাহে লাহে সেই জখমবোৰ
ঘৃণালৈ ৰূপান্তৰিত হৈ আহিব।

২৭. উকা মৰুভূমি

সাগৰ পৰিধিৰ সিটো পাৰে কেতিয়াবা
বেদনাবোৰে আল্লেগিক হৈ চিঞৰে।
বিকশিত অনাকাংক্ষিত যন্ত্ৰণাত
আল্লেগে আবদ্ধতাৰ সংজ্ঞা পাহৰে।
কেনেকৈ কওঁ,
সোঁৱৰণীৰ সামৰণি পৃষ্ঠাত এখিলা শুকান
সৰাপাত হওঁ?
সিক্ত দুচকুত দুটোপাল চকুলো হৈ
পাৰ হওঁ?
তথাপিও সুৰ ৰচে আম্মাই উকা মৰুভূমিত বহি,
কিজানি চেতাৰৰ হেঙুলীয়া স্বৰগমত
পিপাসাৰ্ত কণ্ঠৰ লালসা পূৰ্ণ হয়

28. মৃত্যু

জন্ম ক্ষণতেই নিৰ্ধাৰিত হয়
মৃত্যুঘন্টাৰ ধ্বনিৰ প্ৰসৰতা,
মৃত্যুৱেই আগমনী মন্ত্ৰ ভাঁহি উঠে
সময়ৰ প্ৰতিটো সোঁতত।
মৃত্যু হেছে–
অচিন ভাৱৰ কন্ঠ,
অনিবাৰ্যতাৰ কোলাহল,
কিম্বা স্বপ্ন ভগাৰ
এপাহি ক'লা গোলাপ!
আকাশ ভাঙি নামে আশা বৃষ্টি
স্থিৰ হৈ ৰয় সময়,
দৃষ্টি–শূন্য হৈ পৰে সমাজ;
নিঃশব্দ প্ৰতিটো ঘন্টাৰ পিছত।
মৃত্যুক দেখি মই
মৃত্যু–পদূলিত লুকা–ভাকু খেলি,
প্ৰতিবাৰেই ভাবো–
এই ঠিকনাতেই স্থায়ী হৈ ৰওঁ!
কিন্তু নিতৌ
ওভটো চকুলো টুকি,
বুকুত বিষাক্ত উশাহ সামৰি।
মৃত্যু যদিও জন্ম নহয়
মোৰ কলমত,

তথাপি বুকুৰ গভীৰতাৰে
উপলব্ধিৰ দস্তাবেজ লিখো–
হয়তো এয়াই যাত্রা
মুক্তি অভিমুখী;
হয়তো এয়াই জীৱন মহাসত্যৰ
নির্মম কটূক্তি।